# Historia literaria alemana para principiantes

Un viaje apasionante y entretenido por la literatura alemana desde la Edad Media hasta nuestros días

Christian Möhlenkamp

# CONTENIDO

# Qué puedes esperar de este libro

Este libro está dirigido a los lectores que buscan una introducción a la confusa diversidad de la literatura alemana. El orden cronológico elegido es el más adecuado para este fin porque, a diferencia de los métodos de ordenación orientados a temas o géneros, muestra una génesis y traza la genealogía de la literatura alemana. El hecho de que la novela de Goethe *Wilhelm Meisters Lehrjahre* probablemente habría tenido un aspecto completamente distinto sin *el Simplicissimus* de Hans Jakob

Christoffel von Grimmelshausen puede mostrarse más fácil y eficazmente en el contexto de un viaje en el tiempo presentado cronológicamente. Y éste es sólo uno de los muchos ejemplos, especialmente en el campo de la poesía, donde podrían encontrarse muchos más.

Así se podría precisar: El libro se dirige a los lectores que desean embarcarse en el largo y apasionante viaje a través del mundo de las palabras, como héroes de su propia historia evolutiva, por así decirlo, en el curso del cual adquieren una visión cada vez mejor y llegan finalmente a un punto en el que les resulta más fácil elegir entre la abundancia de obras aquellas que realmente les interesan.

Los autores presentados como ejemplos en la segunda parte pueden servir de aperitivo; sin duda, pueden considerarse representativos de la literatura alemana. Las obras de Schiller atraerán sobre todo a los entusiastas de las obras de teatro perfectamente formadas, temáticamente complejas y lingüísticamente bellas, o de las baladas de proporciones casi épicas, mientras que los textos de Rilke te gustarán más si te gustan los poemas de forma métrica o los ciclos de poemas que trabajan con numerosas referencias intertextuales e interculturales, o si te interesa la literatura sensible y ensimismada, como *Las notas de Malte Laurids Brigge* y *Cartas a un joven poeta*. El puente hacia el presente se tiende entonces con Daniel Kehlmann, cuyas novelas han alcanzado éxito mundial y son prueba de que el mundo de habla alemana también se compromete intensamente con las literaturas de otras regiones culturales.

"Quien sabe leer tiene la llave de las grandes hazañas, de las posibilidades jamás soñadas", dijo una vez Aldous Huxley. Este libro pretende abrirte algunas de esas posibilidades.

# Historia literaria alemana

Desde los *Conjuros de Merseburgo* hasta complejas obras posmodernas como las *153 Formas del No Ser* de Slata Roschal, publicada en 2022: la literatura alemana tiene mucho que ofrecer, y esta cantidad hay que recorrerla pieza a pieza, hay que prepararla para una caminata de palabras que tiene que ver con la resistencia y no con la velocidad.

Debido a su extensión, este libro es un parforceride a través de la historia literaria alemana, pero puede servir como primer punto de referencia y guía. Comenzando por las arcaicas tradiciones altomedievales, trazará un arco a través de la tradición literaria cortesana de la Alta Edad Media y el Barroco, los textos desencadenantes de la Ilustración, la intensidad del Sturm und Drang, la diversidad del siglo XIX literario y principios del XX hasta nuestros días.

## EDAD MEDIA

"bên zi bêna, bluot zi bluoda,
lid zi geliden, sôse gelîmida sîn".

Éste es quizá el pasaje más famoso de los *Dichos Mágicos de Merseburgo, que son* uno de los pocos testimonios en lengua altoalemana antigua que han sobrevivido. Si traduces las formaciones de palabras aparentemente extrañas al alemán moderno, obtienes lo siguiente:

"Pierna con pierna, sangre con sangre,
miembro con miembro, ¡qué pegados estarán!".

Esta traducción de una antología praguense de poesía alemana pone de manifiesto hasta qué punto se ha movido el lenguaje entretanto, qué distancia hay entre nosotros y un texto que se escribió antes del año 1000. Los dos conjuros, llamados así por el lugar donde fueron descubiertos en una biblioteca eclesiástica de Merseburgo, estaban destinados a un uso práctico; el segundo, por ejemplo, del que se citan aquí las últimas líneas, estaba pensado para pedir a los dioses que curaran a un caballo. La tradición germánica desempeña aquí un papel importante; las tendencias panteístas, en particular, seguían estando muy extendidas a pesar de la cristianización.

La historia poco clara de la transmisión de los conjuros, su origen incierto, incluso la ambigüedad sobre la zona lingüística dialectal de la que proceden: Todo ello ejemplifica los problemas con los que tienen que lidiar los estudios medievales, la ciencia de los textos medievales. Incluso del apogeo de la literatura altomedieval, que abarca los siglos XIII y XIV, sólo han sobrevivido unos pocos manuscritos, y en ellos a menudo hay duplicaciones, por lo que no es raro encontrar cuatro o cinco versiones distintas de un mismo texto, lo que conlleva la tarea de editarlas adecuadamente.

Cuanto más se avanza en el tiempo, más diversa es la selección de textos supervivientes. Sería imposible desglosar y explicar todos los géneros y categorías diferentes, así que, a modo de ejemplo, nos centraremos en dos géneros de inmensa importancia para la literatura alemana: por un lado, la épica heroica (o poesía heroica) y, por otro, el minnesong.

A diferencia de la épica cortesana de caballería, la épica heroica alemana se basa principalmente en sagas y tradiciones germánicas. Éstas se recogían en una forma fija y se narraban en verso; sólo los detalles se desviaban de la historia tradicional, por ejemplo cuando se deseaba una moraleja diferente. Es constitutivo para la comprensión del autor en la Edad Media que se le concediera poca libertad y que la mayor parte del reconocimiento se otorgara a quienes mejor imitaban a los grandes maestros canonizados.

La epopeya clásica por excelencia es *el Cantar de los Nibelungos*, que en su forma actual se remonta a un manuscrito del alto alemán medio del siglo

XIII. El material, sin embargo, es mucho más antiguo y, de acuerdo con las convenciones del género, está tomado de la tradición narrativa oral. La extensa obra sobre Krimilda de Borgoña y el matadragones Sigfrido no sólo tiene un enorme valor cultural por la adaptación operística de Richard Wagner, sino que su influencia en el surgimiento de un sentimiento nacional alemán -con todas sus fatales consecuencias- demuestra la influencia formativa que ha dejado este hito literario.

Sin embargo, no sólo la poesía épica más popular influyó en la cultura altomedieval, sino también la poesía cortesana ligada a convenciones e ideas estrechas, especialmente el minnesong. Además del llamado alto minne, en el que se cantaba y alababa a una dama noble y predominaban formas fijas como el canto de alabanza o el lamento, existía también el bajo minne, más preocupado por transmitir sentimientos reales de lo que hubieran permitido las estrictas directrices del alto minne. Por otra parte, la minne baja también estaba fuertemente orientada hacia modelos cortesanos, como demuestra la hibridez perfectamente formada de los poemas de Walther von der Vogelweide.

Uno de los minnesongs más famosos se encuentra en una carta de una dama a un magister; se trata de una elaborada imitación de la poesía popular, que reproducimos a continuación en el original:

"Tú eres mía, yo soy tuyo, debes estar seguro de ello.
Eres elegida
en mi corazón,
"El alma está perdida:
Debes estar siempre en ella".

Poemas como éste demuestran por qué merece la pena leer textos medievales: porque las grandes emociones apenas cambian a lo largo de los siglos, porque se negocian de nuevo en cada época y porque los textos que las tratan permanecen así intemporales.

Con la Reforma y el floreciente humanismo, con las nuevas formas de arte y expresión y con la invención de la imprenta por Johannes Gutenberg, se inicia una nueva era, el Renacimiento, que cambia por completo la imagen que la sociedad tiene de sí misma. A su término, enfrentado a drásticos abismos, se sitúa el Barroco.

## BARROCO

El 23 de mayo de 1618, dos gobernadores reales y un secretario fueron arrojados por la ventana del castillo de Praga. Esto marcó el comienzo de la Guerra de los Treinta Años, que tuvo lugar principalmente en el territorio del Sacro Imperio Romano Germánico y sólo llegó a su fin con la Paz de Westfalia en 1648. Para la literatura barroca, éste fue un telón de fondo permanentemente presente en el que se produjo el cambio de lengua literaria del latín al alemán. Sin embargo, poetas como Paul Fleming, Andreas Gryphius, Martin Opitz o Christian Hoffmann von Hoffmannswaldau seguían manteniéndose firmemente en la tradición de la élite poética latina de las generaciones anteriores y hacían menos referencia a la tradición literaria en lengua alemana, que en las décadas anteriores había tendido a encontrarse en la lengua vernácula.

Esencial y formativa para la poesía barroca fue la primera poética alemana, el *Buch von der Deutschen Poeterey de* 1624, escrito por Martin Opitz. En él, intenta establecer la independencia del alemán como lengua literaria y contrastarla con las lenguas romances, especialmente el francés, que se percibían como superiores. Opitz toma las cualidades positivas de valentía, fuerza y modestia atribuidas a la lengua alemana de las descripciones que hace Tácito de las tribus *germánicas* en su *Germania.* Su objetivo es situar al alemán como lengua cultural y artística segura de sí misma, en pie de igualdad con el español, el francés y el italiano. Otro elemento importante de la poética normativa de Opitz es su propuesta de un nuevo cómputo métrico consistente en una combinación de alternancia y acentuación. Esto es coherente con su visión del alemán como lengua natural, ya que según las reglas de Opitz ahora era posible que cualquier hablante nativo con un sentimiento medio por la lengua formara un verso correcto. En

El antiguo método de recuento no puede transferirse de forma unívoca a la lengua alemana, por lo que estaba reservado a los eruditos latinos o griegos.

Al mismo tiempo, amantes de la lengua como Philipp von Zesen y Paul Fleming impulsaban el desarrollo de una lengua alemana unificada, pues seguía siendo muy fragmentaria, en consonancia con las confusas circunstancias políticas. Junto con la estética de Martin Opitz, formaron la base de la literatura alemana barroca.

Son características las contradicciones temáticas, que también se encuentran en la estructura formal de los textos, en los que *destacaban* especialmente los motivos del *memento mori, el carpe diem* y la *vanitas. En* este contexto, *carpe diem* y *memento mori son* un par de opuestos: por un lado, el apelativo Aprovecha *el Día, que recuerda* las enseñanzas epicúreas, y por otro, el fatalista-resignativo *Considera que eres mortal,* que contrasta con el anterior. Por último, la *vanitas* se centra en la transitoriedad de todo ser, que incluye también la nada del hombre. Estos motivos se reflejan especialmente en la poesía, ya que sus convenciones formales se corresponden muy fuertemente con la antítesis y la paradoja. La forma más popular, el soneto según Petrarca, se escribía en alejandrino (siguiendo el modelo de Opitz o el francés, en lugar del endecasílabo petrarquista), un yamb con seis acentos y censura audible tras el tercer acento. Además, la división del soneto en estrofas de cuatro y tres versos, los llamados cuartetos y tercetos, crea una tensión adicional que también puede resultar fructífera en cuanto al contenido. Un ejemplo muy bueno es el siguiente soneto de Andreas Gryphius de 1637 titulado *Es ist alles eitel*, reproducido aquí en una versión modernizada:

> "Sólo ves vanidad en la tierra mires donde mires.
> Lo que este hombre construye hoy, ese hombre lo derribará
> mañana:
> Donde ahora se levantan
> ciudades, habrá un prado, donde el hijo de
> un pastor jugará con los rebaños.
>
> Lo que ahora florece espléndidamente, pronto será pisoteado. Lo
> que ahora
> palpita y desafía, mañana será ceniza y huesos,
> Nada es eterno, ni mineral, ni piedra de mármol.
> Ahora la felicidad se ríe de nosotros, pronto las quejas truenan.
>
> La gloria de las altas hazañas se desvanecerá

como un sueño. ¿Permanecerá entonces el
juego del tiempo, el hombre ligero?
¡Ay! ¿Qué es todo esto que nos parece delicioso?

como sombra, polvo y viento,
como una flor del prado que no se puede volver a encontrar. Ni
un solo hombre considerará
lo que es eterno".

Ya en la primera estrofa queda claro lo virtuosamente que puede utilizarse la estructura antitética del alejandrino. El motivo principal de la *vanitas se revela en* la yuxtaposición del presente y el futuro, que predomina en los dos segundos versos. La vanidad titular debe entenderse en su sentido literal original como la nada, lo que aclara la recurrencia a la *vanitas*.

En la segunda estrofa, Gryphius continúa el pensamiento, la cesura se sigue utilizando como eje especular. Entonces, con la ruptura formal del soneto, se produce también una ruptura en el contenido, ya que el poeta hace consideraciones más generales y filosóficas y, por un lado, propaga la inevitabilidad de la transitoriedad y, por otro, presenta una superación fatalista del mundo como solución al sufrimiento presente. Los trabajos y las cargas de la vida terrenal sólo pueden ser superados por lo eterno después de la muerte, como deja claro el último verso.

La impronta cristiana de Gryphius es una forma de tratar los motivos mencionados; otra se encuentra, por ejemplo, en poemas de Hoffmannswaldau, como *Wo sind die Stunden, en* los que se aprecia -al menos a primera vista- un enfoque más laico.

La poesía épica era un género bastante secundario en el Barroco, pero en 1668 apareció una novela que aún se cuenta entre las obras en lengua alemana más importantes de todos los tiempos. Fue escrita por Hans Jakob Christoffel von Grimmelshausen, que nació en Hesse en 1622 y murió ocho años después de la publicación de su obra principal. Durante la Guerra de los Treinta Años trabajó como mercenario, y después de la guerra tuvo diversas ocupaciones. Su actividad literaria comenzó probablemente sólo 15 años antes de su muerte, como indican las fechas de publicación de sus obras. *La abentheuerliche* Simplicissimus *Teutsch* o, abreviado, *Simplicius Simplicissimus* está considerada una de las primeras novelas de aventuras alemanas y la novela barroca más importante. La trama, dividida en tres partes, se basa en el tema principal de la desilusión del héroe ingenuo y se divide en la iniciación, el viaje por amplias zonas de Alemania, en el transcurso del cual Simplicius se familiariza con la sociedad de su presente, y, por último, la retrospectiva de sus experiencias a lo largo de su vida.

De niño, el héroe de la novela tiene que huir de la granja de su padre cuando bandas de merodeadores asolan el hogar. Huye al bosque y es acogido por un ermitaño cristiano que le instruye convenientemente y le enseña a leer y escribir. De él recibe también el apodo de Simplicio. Al cabo de un tiempo, su mentor le revela que pronto morirá. Poco después, Simplicio, cuyo verdadero nombre es Melchor Sternfels von Fuchshaim, abandona la ermita, pero en su camino le asalta de nuevo la guerra y regresa a la cabaña del ermitaño, que le ha dejado una carta en la que le enseña los tres pilares básicos de una buena forma de vida, que consisten en el conocimiento de uno mismo, el conocimiento del mundo y la constancia. Tras algunos enredos, Simplicio llega a la corte del gobernador sueco de

Hanau, quien, resulta, está emparentado con él. Allí, sin embargo, se produce un desengaño y una alienación, a consecuencia de los cuales cae en desgracia y se ve reducido a la condición de tonto. Con la ayuda de un sacerdote, sin embargo, se mantiene fiel a sus ideales (cristianos) y continúa su viaje, escapando una y otra vez de los soldados enemigos antes de unirse a las fuerzas imperiales como bufón ante Magdeburgo.

Huye de nuevo de allí y finalmente acaba en Soest, donde, tras la muerte de su amo, se convierte en soldado raso y gana fama y dinero como Cazador de Soest cometiendo fechorías. Cuando desafió a dos soldados a un duelo, fue capturado de nuevo, pero fue liberado tras idear una astuta treta que decidió la batalla. Tras llegar a París vía Colonia y enriquecerse dos veces, habiendo sido robado mientras tanto, se ve obligado de nuevo a ir a la guerra. Tras nuevas pruebas y tribulaciones, por fin se encuentra con alguien a quien conoció en las tropas imperiales. Durante una peregrinación juntos, vuelve a perder una fortuna potencial al dejar sin valor una piedra que le dio el rey de los espíritus del agua, que puede producir un manantial curativo, al colocarla en el suelo. Entonces se retira a una granja y después de algún tiempo es capturado allí por soldados acampados y enviado una vez alrededor del mundo por varias coincidencias. Finalmente desembarca en una isla cerca de España y escribe su relato de la vida, que llega a Alemania a través de un marinero holandés, con lo que termina el libro.

Este breve resumen del contenido, eso sí, muestra lo exuberante y desbordante que puede ser a veces la literatura barroca. El protagonista de Grimmelshausen lo experimenta todo y se encuentra con todo el mundo, y toda la novela es un hito de la literatura alemana simplemente por su alegría en la experimentación, que a pesar de todo se ciñe a ciertas convenciones de la época o del género.

El Barroco, sin embargo, desapareció en el olvido poco después. La razón fue el desprecio que hacia él mostraron la Ilustración y el Sturm und Drang.

# ILUSTRACIÓN Y STURM UND DRANG

El ascenso de la burguesía en la sociedad estamental y la mejora de las oportunidades educativas también cambiaron la literatura: los destinatarios ya no se limitaban a la nobleza y a unos pocos ciudadanos cultos y ricos, sino que el público lector empezó a ampliarse. La religión perdió importancia y con ella los leitmotivs y conceptos morales cristianos que definían el Barroco. Por supuesto, éstos siguieron desempeñando un papel, pero subordinado. La expresión clara y la cercanía a la vida o a la práctica del material tratado ocuparon el lugar del enigma y la imaginería fuertemente pronunciada.

Poetas como Christian Fürchtegott Gellert, con sus fábulas didácticas, y Johann Christoph Gottsched, cuya *poética* de 1730 *Versuch einer critischen Dichtkunst vor die Deutschen (Intento de una poesía crítica para los alemanes) tuvo una* fuerte influencia normativa, fueron los primeros representantes de una literatura de la Ilustración. Sin embargo, el escritor más importante de la Ilustración en lengua alemana fue Gotthold

Ephraim Lessing, cuyo drama más importante, *Natán el Sabio, es un* impresionante alegato a favor de la tolerancia y el entendimiento cultural. Especialmente la famosa Parábola del Anillo, colocada como lección moral en el centro del drama, es un impresionante testimonio de ello. Lessing, a diferencia de Gottsched, abogaba por una literatura menos regida por normas, que actuara más a la altura de los ojos del lector, que no actuara de forma sermoneadora, sino que lograra un efecto de catarsis al recordar la antigüedad.

No es del todo insignificante que en el transcurso de la Ilustración el latín también fuera sustituido como lengua franca en las ciencias por el francés. Además, la lengua de la filosofía cambió a la respectiva lengua nacional, lo que la hizo accesible a masas más amplias de laicos cultos. Los pioneros de la Ilustración, en Alemania por supuesto sobre todo Immanuel Kant, pretendían liberar al hombre de su inmadurez autoinfligida. En 1781, el profesor de Königsberg publicó su principal obra, que representó un punto de inflexión en la filosofía, la *Crítica de la Razón Pura, en* la que examinaba las posibilidades de la ontología como ciencia. Además, tres años más tarde declaró que la cita de Horacio *sapere aude era* el principio rector de la Ilustración, que ha permanecido hasta nuestros días.

Así, mientras la filosofía se ocupaba del trasfondo teórico y discutía cuestiones de principio, la literatura se ponía al servicio de una expresión intelectual clara. Sin embargo, este enfoque basado en reglas pronto fue desafiado por jóvenes poetas que iban a establecer su propio movimiento literario: el Sturm und Drang.

La nueva generación situó el sentimiento junto a la razón como norma igualitaria, que se situó incluso por encima de la propia producción de textos. La imaginación y el ingenio, la emoción y el genio se unieron a los ideales de la razón y la claridad mental para formar el caldo de cultivo de un nuevo tipo de textos. Los llamamientos de Johann Gottfried Herder al reconocimiento de la poesía popular y su suposición de que la Ilustración había sido arrogante con el pueblo llano durante demasiado tiempo fueron recibidos positivamente e interiorizados por sus colegas poetas. Las obras

de los primeros Goethe y Schiller, por ejemplo, siguieron su ejemplo.

Tanto *Die Leiden des jungen Werther (Las
penas del joven Werther)*, la novela epistolar de
Goethe sobre el desdichado protagonista enamo-
rado del mismo nombre, como *Die Räuber (Los ladrones)* de Friedrich Schiller, en cuyo estreno en
Mannheim en 1781 se desarrollaron escenas in-
descriptibles, son impresionantes testimonios de
la fuerza y la pasión que trajo consigo el Sturm
und Drang. Con su énfasis proto-romántico en la
emoción, esta época representa un punto de inflexión decisivo en la historia literaria alemana, que
hasta entonces sólo había puesto esporádicamente
al individuo en primer plano. Goethe y Schiller
también publicaron poemas importantes en esta
época, muchos de los cuales se han canonizado
desde entonces y pueden encontrarse en innume-
rables recopilaciones de los poemas alemanes más
famosos o populares. En el caso de Schiller, cabe
destacar la Oda *a la Alegría,* que proporcionó el
texto para el final de la Novena Sinfonía de Ludwig van Beethoven, designado posteriormente
himno europeo. En el caso de Goethe, es sobre

todo el poema *Willkommen und Abschied (Bienvenido y Adiós) el que está* grabado a fuego en la memoria colectiva.

Ambos autores fundaron la época del Clasicismo de Weimar, que puso fin al Sturm und Drang y se centró con inusitada fuerza en un lugar geográfico como centro.

## CLÁSICO

El periodo clásico, a menudo denominado periodo de *Weimar,* puede dividirse en dos periodos: En sentido estricto, se refiere a la intensa correspondencia entre Friedrich Schiller y Johann Wolfgang von Goethe, que comenzó con su intercambio epistolar en 1794 y terminó con la muerte de Schiller en 1805. Si adoptamos una perspectiva más amplia (y la ampliamos para incluir la obra literaria de los autores Wieland y Herder, que no estaban directamente relacionados con los dos poetas nacionales alemanes), podemos fecharla entre el primer viaje de Goethe a Italia en 1786 y su muerte 46 años después. Un importante punto de referencia de esta corriente literaria fue el historiador del arte alemán Johann Joachim Winckelmann, autor de dos escritos sobre la antigüedad griega y romana en la segunda mitad del siglo XVIII.

En su opinión, la cualidad de la antigüedad occidental consistía en algo que intentó describir con el par de términos *noble sencillez, serena grandeza.* Esta afirmación, entendida como una máxima por los poetas clásicos, se acomodaba a la tendencia de la literatura alemana a tender puentes entre la nobleza y la burguesía, que había desarrollado desde la Ilustración. A través de diversos acontecimientos, los cuatro grandes poetas se trasladaron a Weimar uno tras otro, siendo el último en llegar, en 1799, Friedrich Schiller, que por entonces ya estaba unido a Goethe por una íntima amistad.

La palabra clave más importante en relación con la creatividad literaria de la época es armonía o, expresado en términos procesuales, armonización. Inspirándose en el ideal antiguo, la unidad de contenido y forma se convirtió en el objetivo más importante, lo que supuso un retroceso tras las épocas expansivas de la Ilustración y el Sturm und Drang. Esto también se debió, entre otras cosas, al fracaso de la Revolución Francesa, que supuso una decepción para muchos artistas, no sólo literarios, sino también compositores como Ludwig van Beethoven. En contraste con estos tiempos turbulentos, el programa cultural de los literatos clásicos pretende lograr una educación de nivel y una formación estética de los ciudadanos hacia el ideal ilustrado y humanista. Esto es evidente, por ejemplo, en el poema de Schiller "Die Bürgschaft", del que leerás fragmentos más adelante en este libro.

Durante el periodo clásico se observa un retorno a la forma dramática antigua, sobre todo en Goethe y Schiller, cuyas tres unidades de lugar, tiempo y acción sirvieron a ambos de modelo.

Las formas métricas también se acercaron a un ideal estrictamente reglamentado, cuyas expresiones más exquisitas se encuentran, entre otras, en el drama en verso blanco *Ifigenia auf Tauris* de Goethe. Schiller, que a menudo encontraba su inspiración en material histórico, escribió en esta época, entre otras, La *doncella de Orleans, Guillermo Tell y* su drama sobre la heredera escocesa María Estuardo. Wieland y Herder, que estaban algo distanciados del dúo Goethe/Schiller a nivel personal, publicaron muchos escritos teóricos (Herder) y novelas (Wieland) que operaban sobre material antiguo.

Puede considerarse contradictorio que Goethe siguiera ocupándose en esta época de su opus magnum *Fausto, cuyas* dos partes se publicaron con 24 años de diferencia, en 1808 y 1832. Sin embargo, dado que de todos modos esta obra se erige como un monolito en la historia literaria alemana, quizá sea menos sorprendente de lo que pudiera parecer que Goethe renunciara en *Fausto a* sus ideales de antigüedad autoimpuestos.

Puesto que el periodo Clásico era tan limitado temática y espacialmente, está claro que algunos poetas importantes no participaron en él. El ejemplo más importante es Heinrich von Kleist, a quien Goethe tenía en baja estima y cuya obra poética no puede adscribirse ni al periodo clásico ni al floreciente periodo romántico temprano. Aunque a menudo retoma material antiguo en sus obras y también se atiene a las directrices estilísticas formuladas por Aristóteles en su *Poética*, Kleist se interesa más por los aspectos abismales y extremos de la existencia humana.

Al mismo tiempo que Schiller y Goethe se enterraban en material antiguo y Kleist creaba sus ingeniosos relatos y dramas alejado de la vida literaria, surgía un nuevo movimiento literario que tenía ciertos puntos de conexión con el Sturm und Drang, pero que no dejaba de ser una gran innovación: el Romanticismo.

## ROMANTICISMO

> "La poesía romántica es una poesía universal progresiva. [...] La poesía romántica está aún en proceso de devenir; de hecho, ésa es su esencia misma, que sólo puede llegar a ser, nunca completarse. No puede ser agotada por ninguna teoría [...]".

Este intento de definir la poética romántica fue realizado por Friedrich Schlegel, uno de los pioneros del Romanticismo alemán y del Romanticismo en general. En él ya se insinúan las preocupaciones esenciales del Romanticismo, en particular la aspirada armonización del hombre y la naturaleza, así como del alma y el espíritu, que se refleja en el concepto de *poesía universal progresiva*. También es digna de mención la afirmación de la segunda parte de la cita de que la "poesía romántica" no puede completarse. Por un lado, aquí se ponen de manifiesto los procesos de alienación entre el hombre y la naturaleza que ya se percibían en el umbral del siglo XIX, puesto que no se puede lograr la unión deseada; por otro lado, Schlegel se opone explícitamente a la primacía del hombre guiado puramente por la razón al atribuir a la poesía romántica que no se puede teorizar. Esto revela el espíritu del Romanticismo como un contramovimiento explícito a la Ilustración, flanqueado por los vuelos intelectuales de Johann Gottlieb Fichte y Friedrich Wilhelm Schelling, es decir, la filosofía idealista.

Con la Revolución Francesa como telón de fondo, la agitación bélica napoleónica y, por último, el Congreso de Viena de 1815, se desarrolló un movimiento artístico que abarcaba todos los géneros artísticos, desde la literatura a la música, pasando por la pintura, y que estaba dedicado a la fantasía y a lo irracional, tan entusiasta de los abismos mentales del hombre como de la Edad Media como estado ideal idealizado. Socialmente, esto iba acompañado de un rechazo de los hábitos de vida burgueses.

Una corriente subyacente importante es el llamado Romanticismo Negro, que profundizó en la fascinación romántica ya existente por lo mórbido y lo siniestro y la convirtió en el tema principal de sus textos. Motivos como la pesadilla o el doble, que permiten un reflejo del yo y, por tanto, remiten ya a Freud (en la interpretación del doble como enfrentamiento entre el yo y su yo), determinaron los textos de poetas como E. T. A. Hoffmann.

Este último puede considerarse el representante alemán más importante del Romanticismo Negro; sus obras como El *hombre de arena* o *Los elixires del diablo* también tuvieron buena acogida en el extranjero, sobre todo en Rusia y Francia, e influyeron en poetas importantes como Gogol, Dostoievski o Poe.

Los géneros más importantes del Romanticismo eran la poesía épica y la lírica, el drama casi no se utilizaba, ya que se consideraba demasiado sobreformado por normas antiguas y rígidas. Los poemas y los relatos se consideraban más adecuados para retratar emociones y seguir así el ideal romántico. La emoción tematizada con más frecuencia era el anhelo, que se intentaba plasmar en imágenes que le correspondieran. El siguiente poema de Joseph von Eichendorff utiliza el famoso símbolo de la flor azul, que Novalis utilizó por primera vez en su fragmento de novela *Heinrich von Ofterdingen:*

> "Busco la flor azul,
> Busco y nunca la encuentro,
> Sueño que en la flor florece para
> mí mi buena fortuna.
>
> Vago con mi arpa
> por países, ciudades y campiñas,
> Si en ningún lugar de la ronda veo la flor
> azul.
>
> He caminado mucho tiempo,
> he esperado mucho tiempo, he
> confiado,
> Pero oh, en ninguna parte he visto
> la flor azul".

Por un lado, la flor azul se utiliza en su significado como símbolo del anhelo, pero por otro Eichendorff reflexiona sobre la función de este recurso estilístico. El símbolo del anhelo no se encuentra y el tratamiento poético por sí solo no levanta el sentimiento opresivo.

De este modo, ya apunta más allá del periodo romántico, que estaba llegando lentamente a su fin a medida que la situación política en Alemania volvía a ser más inestable y se respiraba algo nuevo, que también procesaron en la literatura autores como Georg Büchner, sobre todo en el periodo Vormärz.

Se considera que Heinrich Heine, cuyos poemas y obras ensayísticas hicieron del lenguaje cotidiano un arte, superó el Romanticismo.

Nos saltamos los tiempos turbulentos en torno a la revolución de 1848 y avanzamos hacia el realismo y el naturalismo.

## REALISMO/NATURALISMO

Históricamente, el realismo se debe a un cambio de estado de ánimo tras el fracaso de la revolución. La burguesía de mentalidad liberal, que había constituido el grueso de los revolucionarios, se vio enfrentada a los escombros del idealismo, la corriente filosófica que se había iniciado con Hegel y Fichte, después de que sus reivindicaciones apenas se hubieran llevado a la práctica. Así, también literariamente, la voluntad de mirar el mundo tal como es pasó al centro.

En primer lugar, es necesario aclarar algunas dificultades conceptuales. El realismo no representa una reproducción torpe de todos los acontecimientos, sino que, en determinadas circunstancias, ensambla una nueva realidad a partir de secciones de la realidad. Términos como realismo *burgués* o *poético* ya indican la interpretación polifacética del realismo. El primero pretende describir no sólo el mundo material, sino también una realidad moral que, sometida a su época, hacía hincapié sobre todo en el valor del trabajo y la educación, así como en una vida asimilada. El realismo poético, en cambio, pone los métodos de trabajo y las técnicas literarias al servicio del arte, que también debe entenderse como tal. A menudo combina un enfoque narrativo subjetivo con la imitación de la realidad social.

Además, el realismo puede dividirse en dos fases decisivas, la primera de las cuales estuvo vinculada a la filosofía de la religión de Ludwig Feuerbach, que se basaba en la solidaridad mutua frente a la falta de hogar trascendental y consideraba al hombre como Dios para el hombre. La industrialización, recibida inicialmente de forma positiva, reforzó esta actitud autoemancipadora. Sin embargo, con el aumento de los problemas sociales y el desarrollo de las teorías evolucionistas de Alfred Russel Wallace y Charles Darwin, el optimismo dio paso a cierta resignación que veía al hombre sujeto a limitaciones biológicas y sociales de las que no podía liberarse. Representantes alemanes de esta corriente panoccidental fueron Theodor Storm, Adalbert Stifter, C. F. Meyer, Gottfried Keller y, como protagonista más importante, Theodor Fontane, cuyas novelas sociales *Irrungen, Wirrungen* (1888), *Frau Jenny Treibel* (1892) y *Effi Briest* (1895) dieron forma decisiva al realismo poético y lo completaron con *Effi Briest*.

Mientras que en el realismo eran decisivas la exageración poética de la realidad y su representación con fines determinados, se convirtió en objetivo de los naturalistas describir todas las facetas de la realidad sin omitir los episodios supuestamente negativos. Se basaba en una concepción de la ciencia que suponía que todo podía explicarse, y este positivismo se trasladó también al individuo, que está ligado a sus condiciones determinadas por el origen social y la herencia y actúa de forma predecible.

El escritor Arno Holz identificó el tipo ideal de texto naturalista en la fórmula *arte = naturaleza - x,* donde *x* representa la influencia artística que debe mantenerse lo más reducida posible. El movimiento literario, que duró poco tiempo, se formó como reacción a los problemas sociales causados por el avance de la industrialización y la creciente urbanización. Los naturalistas alemanes del entorno de Gerhart Hauptmann, Arno Holz, Frank Wedekind y Hedwig Dohm se inspiraron en modelos internacionales como Émile Zola. A menudo se debatía la cuestión social y se retrataba la realidad de la vida de los trabajadores con la mayor exactitud posible (el drama de Gerhart Hauptmann *Los tejedores* es un buen ejemplo de ello). Las numerosas peculiaridades lingüísticas también se reprodujeron sin comentarios, en el drama más importante de Hauptmann, por ejemplo, el dialecto silesiano y el sociolecto de los tejedores.

El estilo del naturalismo es, ante todo, su estrecha relación con la ciencia, que los poetas intentan reproducir en la realidad de forma empíricamente correcta y fiel a la realidad. Para ello, utilizan ellos mismos métodos científicos. El autor como artista retrocede a un segundo plano; en su lugar, intenta ser documental, para lo cual renuncia a su individualidad y subjetividad, al menos en parte. El poeta aparece como un científico literario que ve al ser humano en su situación actual como el resultado final de sus orígenes sociales o biológicos, por lo que hace referencia al socialismo de Karl Marx y a la teoría de la evolución.

Con la rápida decadencia del naturalismo en Alemania, provocada en parte por las Leyes Socialistas aprobadas en 1890 y la supuesta solución a la cuestión social que venían con ellas, empezaron a extenderse muchas corrientes literarias diferentes que comúnmente se engloban bajo el término *modernismo.*

## MODERNO

A continuación trataremos tres tendencias principales de la literatura moderna de principios de siglo: el Fin de Siècle, que absorbió y expresó artísticamente el sentir de la época, y los estilos del Impresionismo y el Expresionismo que lo bordearon.

El Fin de Siècle, o fin de siglo, se originó en el mundo francófono, pero se adaptó rápidamente como descripción de una época para toda la cultura europea. Como movimiento artístico, recogió los sentimientos e impulsos contradictorios y les dio voz. El final del siglo XIX estuvo marcado por el nacionalismo y las tendencias a la demarcación, que trajeron consigo una situación internacional cada vez más tensa. El miedo al futuro y la confianza se mezclaron con un estado de ánimo fatalista del fin de los tiempos, que coincidía con la situación general de los autores, que se veían sometidos a la compulsión del mercado.

Hugo von Hofmannsthal, que a los dieciséis años agitaba la escena literaria vienesa bajo el seudónimo de Loris, puede que represente parabólicamente la dicotomía del fin de siglo. En su temprano soneto *Was ist die Welt?* (*¿Qué es el mundo?*), todavía suena esperanzado, viendo el mundo titular como "dotado de su propia belleza no consagrada". Unos años más tarde, en el poema *Das Zeichen (El Signo), suena* muy diferente:

> "Y si llevas un cartel
> Una señal carmesí,
> También tendría que desvanecerse,
> También iría allí".

La transitoriedad y la resignación, incluso frente a la rebelión esperanzada, contrastan con el soneto juvenil y muestran claramente la dicotomía epocal dentro de una persona.

Cuando pensamos en el Impresionismo, inmediatamente nos vienen a la mente los nenúfares de Claude Monet, de los que realizó cuadros con una gran variedad de constelaciones de luces y sombras. Otto F. Best establece la siguiente conexión con la pintura impresionista en su libro sobre Impresionismo y Simbolismo: "Del mismo modo, el Impresionismo literario puede describirse como el arte del sentimiento personal momentáneo: a partir de la experiencia de que las cosas tal y como son "realmente" no pueden reproducirse artísticamente, el Impresionista recoge impresiones subjetivas de secciones del mundo y las plasma, sobre todo en poemas líricos [...]".

Esta definición tan acertada se hace realidad cuando se observan las obras más importantes de los impresionistas, de las cuales la más popular es sin duda *la Recherche* de Marcel Proust. En el mundo de habla alemana destacaron, entre otros, Stefan George, cuyo verso más famoso casi puede leerse como una guía del Impresionismo ("Komm in den totgesagten park und schau"), y Eduard von Keyserling.

Como época más fuertemente inscrita en la tradición del Fin de Siglo, el Expresionismo representó la renovación y el compromiso antinacionalista en la literatura. Los poemas trataban cada vez más los problemas de la gran ciudad, y los textos ya no sólo tenían ocasionalmente una nota de crítica social.

Revistas como *Brenner dieron salida a las* producciones literarias de los expresionistas, que perseguían liberarse de las ataduras sociales e históricas. El poema que sirvió de chispa inicial del Expresionismo fue *Weltende,* de Jakob van Hoddis, publicado en 1911. Con numerosas imágenes perturbadoras, describe la fragmentación de la vida moderna en la ciudad en sólo ocho versos.

A pesar de una clara dirección de empuje, el amplio campo del Expresionismo permitía una gran variedad individual. Georg Trakl se acercó al Simbolismo con sus enigmáticos poemas sobre lo mítico y lo numinoso, cuyas claves no pueden descifrarse del todo, mientras que Gottfried Benn rompió de forma más radical con las nociones tradicionales de valor y moralidad cuando publicó *Morgue y otros poemas en* 1912, estableciendo así una estética de lo feo.

La poesía de la gran ciudad como subcategoría dominante se fundó en el Expresionismo y alcanzó directamente su apogeo absoluto. Citaremos aquí un ejemplo: *En la terraza del Café Josty, de* Paul Boldt:

"Potsdamer Platz en eterno rugido
Los glaciares se hacen eco de las avalanchas
El ciclo de la carretera: tranvías sobre raíles de hierro
Los automóviles y los residuos humanos.


La gente corre por el asfalto,
Ant-emsig, ágiles como lagartos.
La frente y las manos, parpadeantes de pensamientos,

nadan como la luz del sol a través de un bosque os-
curo.

La lluvia nocturna envuelve la plaza en una cueva,
Donde los murciélagos, blancos, baten sus alas
Y las medusas púrpura mienten - aceites coloreados;

Se multiplican, cortadas por los vagones.-
Salpica Berlín, el nido brillante del día,
Del humo de la noche como pus de una plaga".

Las legorías naturales con las que Boldt trata de plasmar en verso el engranaje de la gran ciudad están, por supuesto, en gran contradicción con la vida técnicamente sobreformada del habitante de la ciudad. También se insinúa la falta de sentido y el desamparo de la gente, especialmente en la segunda estrofa. Por último, la ciudad se asocia con la enfermedad y la ruina, lo que permite al soneto erigirse en ejemplo arquetípico de la poesía expresionista.

Tras desatarse las tensiones políticas en Europa con la Primera Guerra Mundial, la primera democracia alemana de la República de Weimar hizo surgir nuevas literaturas.

## LITERATURA DE LA REPÚBLICA DE WEIMAR

El 9 de noviembre de 1918, el político del SPD Philipp Scheidemann proclamó la República desde el balcón del Reichstag para adelantarse a las posibles ideas revolucionarias del KPD y el USPD, que se habían reunido en torno a Karl Liebknecht y Rosa Luxemburg. Tras su asesinato en 1919, que provocó tumultos y disturbios que fueron sofocados por las tropas imperiales y los Freikorps, la República de Weimar empezó a consolidarse como república democrática. Sin embargo, la inflación, provocada por la financiación de la guerra y que siguió aumentando tras la pérdida de ésta, condujo a la hiperinflación en 1923, año del golpe de Hitler.

Alemania ya no podía pagar sus reparaciones y los salarios no se ajustaban al rápido aumento de los costes. La amenaza de agitación política sólo se disipó con un nuevo comienzo radical bajo el canciller del Reich, Gustav Stresemann. En los años siguientes se produjeron los llamados Años Veinte Dorados, que se percibieron como una boda cultural, sobre todo en la metrópoli de Berlín. Terminaron con el Jueves Negro en la Bolsa de Nueva

York y el Viernes Negro en las bolsas europeas, que desencadenaron primero la inflación y luego una deflación aún más fatal que favoreció la eventual toma del poder por los nacionalsocialistas.

La corriente literaria más importante de la joven república se convirtió en la nueva objetividad, vinculada al naturalismo pero que había abandonado su idea de una ciencia positivista omnicomprensiva. Fue precisamente la adición de una conciencia desilusionada de las condiciones políticas y sociales lo que la distinguió del naturalismo, que eliminó al poeta. Los enfoques prácticos de la vida y la preparación de los lectores para la sociedad moderna eran preocupaciones importantes de los autores, que a menudo también se pronunciaban decididamente a favor de la democracia e intentaban despertar cierto entusiasmo en sus destinatarios. La poesía y la versificación desempeñaban un papel menos importante que la reproducción exacta de la observación, como postula Joseph Roth en el prefacio de una novela: "Ya no se trata de 'escribir poesía'. Lo más importante es lo que se observa".

El género de la novela, que se esforzaba por florecer de nuevo, gozaba de gran popularidad tanto entre los escritores como entre el público lector y estaba estrechamente vinculado a la realidad de la vida en la República de Weimar, que se retrataba con la mayor fidelidad posible de acuerdo con el estilo de su época.

La afirmación *la forma sigue a la función, que* sigue siendo popular hoy en día, bien podría proceder de la República de Weimar, porque el contenido era más importante para los poetas que el embellecimiento formal de sus obras. Además, los personajes se caracterizaban a menudo como tipos y no como individuos independientes, para simplificar la representación de una clase social y no de la situación personal. Con mucho, la novela más importante de la Nueva Objetividad, que la trasciende por así decirlo, es *Berlín Alexanderplatz*, de Alfred Döblin, de 1929, que describe la vida de Franz Biberkopf.

Análogamente a su poesía épica, la época también desarrolló una poesía lírica independiente que se caracterizaba por un uso novedoso del lenguaje, así como por la combinación de lo trivial y lo cómico con la alta cultura. Kurt Tucholsky y Erich Kästner, injustamente conocido sobre todo como autor infantil, fueron los principales defensores de este estilo poético, también conocido como Gebrauchslyrik, en el que combinaban escenas cotidianas con un sutil significado más profundo que a menudo se expresaba en sutil ironía o pura comicidad. Otro importante representante de este estilo es el poeta Mascha Kaléko, en cuya poesía es más evidente el dolor de los autores antes mencionados, que tiende a ocultarse o a exagerarse.

Tras la introducción del sufragio femenino en 1919, cada vez más mujeres celebraron también el éxito en la literatura. Dos de las autoras más importantes durante la República de Weimar fueron Vicky Baum e Irmgard Keun. La primera logró un gran éxito económico con sus novelas, que oscilaban entre el entretenimiento y la literatura de lujo, pero siempre fue vista con recelo por los críticos literarios. Aunque se le atribuían ciertas cualidades literarias, la objetaban por estar demasiado cerca de la cursilería y la trivialidad. La propia Baum, que fue acusada póstumamente de tendencias homófobas y misóginas, sabía situarse con autodesprecio y hablaba de sí misma como una "escritora de primera clase y segunda categoría".

La situación fue algo diferente para Irmgard Keun: aunque sus dos primeras novelas *Gilgi, eine von uns* y *Das kunstseidene Mädchen fueron* éxitos financieros a finales de la República de Weimar y también fueron recibidas positivamente por la crítica, la situación de Keun en la época del régimen nazi era más difícil que la de Vicky Baum, que permaneció en Estados Unidos tras la adaptación cinematográfica de su bestseller mundial *Menschen im Hotel.*

Irmgard Keun emigró primero a Bélgica y Holanda, donde siguió publicando en editoriales del exilio antes de regresar ilegalmente a Alemania. Sin embargo, tras el final de la Segunda Guerra Mundial, no encontró ninguna conexión con la escena literaria de Alemania Occidental y se empobreció. Sólo poco antes de su muerte fueron redescubiertos ella y su obra. En los últimos años, Ullstein Verlag publicó gran parte de su obra en edición de bolsillo, y los estudiosos de la literatura

reconocieron no sólo el gran valor de entretenimiento de las novelas de Keun, sino también su
importancia literaria.

Los autores que permanecieron en Alemania a-
penas crearon nada importante en la época del na-
cionalsocialismo -con la posible excepción de
Benn y Kästner-, por lo que en el próximo capítulo
analizaremos la literatura del exilio en lengua
alemana y pondremos de manifiesto la drástica
pérdida que supuso para la literatura alemana el
exilio forzoso de tantos autores importantes.

## LITERATURA DEL EXILIO

Después de que los nacionalsocialistas tomaran el
poder en 1933, muchos escritores intentaron inicialmente abrirse camino bajo los nuevos auspi-
cios políticos. Esta trama cambió para la mayoría
en el transcurso de las quemas de libros, en las que
el 10 de mayo ardieron las obras de artistas no
arios y de los llamados degenerados. A esto siguió
la emigración a otros países europeos e internacionales de muchos autores que estaban en peligro
debido a sus orígenes o a sus opiniones políticas.

Sin embargo, cuando los nazis empezaron a anexionarse territorios, los que habían huido de allí se enfrentaron de nuevo a la cuestión de a dónde podían escapar. En ocasiones, las draconianas normas de entrada dificultaban aún más la huida. La situación se deterioró aún más con el inicio de la Segunda Guerra Mundial en 1939, cuando los poetas que se habían creído a salvo en Francia, Bélgica u Holanda tuvieron que intentar llegar rápidamente a Gran Bretaña o Estados Unidos. Ana Frank es el ejemplo más famoso de cómo incluso los que habían emigrado fueron capturados y deportados en el transcurso de las guerras de conquista nazis.

Incluso tras el final de la guerra, hubo una gran incertidumbre entre los emigrantes. Algunos de ellos regresaron a Alemania, pero no fueron recibidos sólo con entusiasmo. La joven Alemania de posguerra se resintió de su lucha intelectual contra el régimen nazi. Los autores que permanecieron en el extranjero siguieron enfrentándose a los problemas familiares que no remitieron tras la victoria aliada.

Las posibilidades de publicar sus textos eran limitadas para los aproximadamente 1500 escritores exiliados porque apenas existían revistas de literatura en lengua alemana. Con la desintegración de la heterogénea escena literaria alemana y su diáspora, también se perdieron las instituciones y plataformas que los emigrantes habían podido utilizar anteriormente. Además, muchos sólo habían conseguido escapar con papeles falsos y se les negó la ciudadanía alemana tras su exilio.

Así, tuvieron que someterse a los dictados de las respectivas autoridades de inmigración y se vieron constantemente amenazados con la revocación de su visado o el fin de su tolerancia. Además del miedo permanente a la deportación y a las garras del régimen nazi, muchos de los emigrantes eran vistos como informadores potenciales por la población respectiva y, por tanto, eran recibidos con hostilidad. En el plano material, todo esto dio lugar a que sólo muy pocos poetas exiliados pudieran asegurarse el sustento con sus escritos, y muchos tuvieron grandes problemas económicos. Emocionalmente, la época no fue menos exigente, los traumas psicológicos eran muy frecuentes y varios artistas que emigraron de Alemania se suicidaron.

Sólo debido a la amplia distribución geográfica, difícilmente habrían podido encontrar los exiliados un estilo común con una base poética correspondiente. Sin embargo, de todos modos, apenas había interés en ello. En su obra literaria, la mayoría de ellos siguieron la ruta que ya habían emprendido antes de 1933.

La novela era, con mucho, la forma más popular de expresión literaria, en gran parte porque tenía mayores perspectivas de venta que otros tipos de textos y se adaptaba a los lectores internacionales con sus hábitos de lectura. A menudo abordaban el Tercer Reich, ya fuera describiendo su prehistoria y condicionalidad o reflexionando sobre él hasta su catastrófico final. Otra forma de tratar los acontecimientos de Alemania era la novela histórica, en la que ciertos hechos históricos se analogaban con los del Tercer Reich. Otra variante de este tipo de novela era la concentración real en material histórico, de la que se decía que tenía tendencias escapistas. También hay que mencionar la novela autobiográfica, en la que la historia de la propia vida se iluminaba con el telón de fondo de los acontecimientos epocales de la época. Un ejemplo destacado de ello es la última obra completa de Stefan Zweig, *El mundo de ayer*.

El teatro y la poesía apenas desempeñaron un papel en la literatura del exilio, que estaba muy relacionada con problemas prácticos. Básicamente, sin embargo, puede decirse de estos dos géneros que estaban dominados por poetas que ya habían alcanzado prominencia en la República de Weimar.

Muchos de los escritores exiliados buscaron formas de expresar su rechazo al régimen nazi de forma activista. El mayor intento lo hizo el más famoso de ellos, Thomas Mann. En 55 discursos radiofónicos bajo el título "Deutsche Hörer" (Oyentes alemanes), envió llamamientos a la resistencia y reflexiones sobre la actualidad a los alemanes a través de la BBC. Los episodios, de cinco a ocho minutos de duración, se enviaban por onda larga para que fuera posible escucharlos con los Volksempfänger. Aunque no se puede tasar su influencia, no carecían totalmente de efecto, como demuestra la denigración de Mann por parte de Hitler.

Desde la fundación de la República Federal y la RDA en 1949, han sucedido muchas cosas en la literatura que aún estamos demasiado cerca históricamente como para poder clasificar con mayor precisión. Por eso, el capítulo "Literatura contemporánea" abarca todo lo posible de lo que ha ocurrido literariamente en Alemania en las últimas décadas.

## LITERATURA CONTEMPORÁNEA

El primer género que se estableció en Alemania tras la Segunda Guerra Mundial fue la llamada Trümmerliteratur (literatura de escombros), que pasó a la literatura de posguerra. La Trümmerliteratur se caracterizaba por un uso lacónico del lenguaje cuya finalidad era liberar al alemán del lastre nacionalsocialista. La exigida cercanía a la vida de los autores tiene su origen en la fuerte necesidad de seguridad y de soluciones prácticas que definió la inmediata posguerra.

La literatura de posguerra, por otra parte, es una descripción más orientada cronológicamente de las corrientes literarias y abarca diversas formas e ideas estilísticas. Mientras que la literatura de la RDA se concentró en gran medida en llevar el nuevo estado socialista, en Alemania Occidental surgieron diversas formas de tratar el legado de las décadas anteriores. Los panoramas sociales socialmente críticos de Böll coexistieron con la poesía hermética de un Paul Celan.

En la década de 1950, Eugen Gomringer sentó las bases de la poesía concreta en el mundo de habla alemana con su texto *vom vers zur konstellation.* Su objetivo es desvincular la palabra de su contenido hermenéutico y dejar que funcione como un objeto concreto en su diseño fonético y visual. Jugar con los elementos del significado forma parte de la poesía concreta tanto como la disposición de los grupos de palabras o letras. Con toda naturalidad, las creaciones poéticas estimulan el debate sobre el significado y la percepción, como muestra el siguiente texto breve de Eugen Gomringer:

silencio silencio silencio

silencio silencio silencio

silencio silencio

silencio silencio silencio

silencio silencio silencio

En este poema, el significado del término puede alcanzarse, por un lado, mediante el conocimiento de la palabra, pero, por otro, también mediante el elemento puramente visual del espacio en blanco.

La poesía concreta estaba especialmente extendida en los círculos poéticos del Grupo de Viena y de la Escuela de Stuttgart. Además de Gomringer, Ernst Jandl y Helmut Heißenbüttel figuran entre sus representantes más importantes.

Tras superar la posguerra y el comienzo de la admisión de la culpabilidad alemana, en los años setenta se desarrolló una literatura que el renombrado crítico Marcel Reich-Ranicki describió como una nueva subjetividad y que se centraba en la representación de los sueños personales y los problemas privados. Esto contrastaba con la literatura política y socialmente comprometida de finales de los sesenta, que también era

predominante, pero también con una poética comprometida con la experimentación literaria que se
inspiraba en el modernismo clásico. Aunque se expresaba la crítica social, siempre estaba incrustada
en la experiencia personal. Este desarrollo flore-
ció, por ejemplo, con *Nachdenken über Christa T.,*
de Christa Wolf, que apareció en 1968. El autor-
reconocimiento y la mirada a la propia psique fueron los enfoques definitorios de los autores de la
nueva subjetividad.

"Empieza cuando estoy en Fisch-Gosch, en List, en
Sylt, y me bebo un Jever de la botella. Fisch-Gosch
es un puesto de pescado tan famoso porque es el
más septentrional de Alemania. Está en lo alto de
Sylt, justo al lado del mar, y crees que se acerca
una frontera, pero en realidad es sólo un puesto de
pescado. Así que me paro allí, en Gosch, y me bebo
un Jever. Como hace un poco de frío y sopla viento
del oeste, llevo una chaqueta Barbour con forro in-
terior. Mientras tanto, me como la segunda ración
de langostinos con salsa de ajo, aunque ya estaba
enfermo después de la primera. El cielo está azul.
De vez en cuando, una nube espesa se interpone

delante del sol. Antes he vuelto a encontrarme con Karin. Aún nos conocemos de Salem, aunque entonces no hablábamos, y la he visto unas cuantas veces en Traxx, en Hamburgo, y en P1, en Munich".

Así comienza la novela *Faserland* de Christian Kracht, publicada en 1995 y considerada un hito de la literatura pop. Esto consiste en parte en las referencias pop-culturales plasmadas en el nombre, pero si se examina más detenidamente, no puede decirse que carezca de pretensiones. A grandes rasgos, la literatura pop es cualquier literatura que surja al amparo de los mecanismos de mercado del capitalismo tardío y aborde su presente en consecuencia.

¿Y hoy? Hoy ocurren muchas cosas en la literatura que sólo pueden resumirse como corrientes en retrospectiva. Tanto si se aborda el papel de la mujer y de la madre, como en la obra de Anke Stelling, como si las experiencias de discriminación se unen a la crítica social, como en la obra de Deniz Ohde, como si se aborda el país y la propia vida con un nuevo tipo de ingenio, como en las novelas de Sasa Stanisic, o si la sutileza del lenguaje y la experiencia poética de la realidad están en el centro, como en la obra de Peter Handke: la diversidad de la literatura alemana contemporánea es grande.

# Poetas alemanes, pensadores alemanes: tres ejemplos

En realidad, es una empresa imposible destacar sólo a tres de la plétora de grandes intelectuales alemanes. En cambio, centrarse más en Friedrich Schiller, Rainer Maria Rilke y Daniel Kehlmann permite presentar sus obras completas y ofrecerte una mejor visión de conjunto de toda la obra de los tres autores elegidos. Tras una presentación de las circunstancias de la vida de los tres autores, la obra se trata con más detalle en cada caso, con distintos énfasis.

## FRIEDRICH SCHILLER

El poeta de Marbach nació el 10 de noviembre de 1759 como hijo de un oficial. Tras dos mudanzas, Schiller ingresó en la escuela latina de Ludwigsburg. En la Karlsschule, a la que tuvo que ingresar a instancias del duque, se dedicó al estudio del derecho mientras él y sus compañeros estaban sometidos a instrucción militar. Más tarde cambió de campo y se dedicó a la medicina, momento en el que también comenzó a estudiar literatura más intensamente. Tras varios intentos de tesis, Schiller fue finalmente contratado como médico militar doctorado en un regimiento del ejército de Württemberg, pero nunca estuvo del todo satisfecho con este puesto.

En 1781, Schiller terminó su obra *Die Räuber (Los ladrones), que* había comenzado unos años antes y que se estrenó en Mannheim un año después. Debido a las diversas transgresiones de Schiller de las normas y a las disputas políticas, el conflicto entre él y el duque llegó a un punto crítico, hasta que Schiller se vio obligado a huir de Stuttgart, ya que se le había prohibido escribir de forma no médica. Esto marcó el comienzo de años de incertidumbre para él. Encontró refugio en un pueblo de Turingia y continuó con sus actividades de escritor. Tras seguir una llamada a Mannheim como poeta teatral en 1784, tuvo que trasladarse un año después y se encontró en los alrededores de Leipzig y Dresde en 1785, donde permaneció hasta 1788.

Aquí finalizó su *Don Karlos* y escribió la Oda *a la Alegría* antes de ser nombrado profesor asociado de la Universidad de Jena en 1789. Su precaria situación económica mejoró y se casó con Charlotte von Lengsfeld. Sin embargo, poco después de la boda cayó gravemente enfermo, probablemente de tuberculosis, de la que no se recuperó hasta el final de su vida. En cuanto a su obra, los últimos diez años de su vida fueron los más fructíferos, lo que también se debió a su estrecha amistad con Goethe. Schiller se trasladó con su familia a Weimar en 1799, donde murió a los cuarenta años, tras una grave enfermedad, en 1805.

Pasemos primero a la poesía de Schiller, que sus contemporáneos ya tenían en baja estima en comparación con Goethe. El reproche de los críticos era que Schiller se esforzaba demasiado en plasmar afirmaciones filosóficas y morales en forma lírica, y con demasiada frecuencia derivaba hacia lo banal y trivial. Esto puede ser cierto para poemas individuales, pero hay ejemplos igualmente destacados que confirman el genio de Schiller y su categoría como poeta. Uno de ellos es la balada *Die Bürgschaft, cuya* primera estrofa es testimonio de la habilidad con que Schiller sabía manejar las formas líricas:

"Damón se acercó sigilosamente a Dionisio, el tirano, con
un puñal en su vestidura:
los esbirros lo ataron a golpes: '¿Para qué querías
el puñal? ¡Habla!
El feroz hombre le respondió sombríamente: '
¡Librar a la ciudad del tirano!' 'De
eso te arrepentirás en la cruz'".

La exposición concluye con esta primera estrofa, el héroe de la balada ha sido presentado a los lectores y también conocemos su destino. A medida que avanza la trama, Damon pide tiempo al tirano para casar a su hermana, dejándole como fiador a su mejor amigo, que deberá morir en su lugar si regresa demasiado tarde. El gobernante accede y Damon regresa a tiempo para liberar a su amigo, pero todo tipo de adversidades se interponen en su camino: un cambio en el tiempo y unos ladrones provocan múltiples retrasos. Aquí, la moraleja de la lealtad incondicional como ideal que pretende Schiller es claramente evidente, pero no parece pesada ni excesivamente patética, lo cual es un mérito del estilo de Schiller. Damon consigue finalmente llegar a tiempo y el rey, impresionado por su amistad, le pide que le acepte también como amigo.

Sin embargo, los dramas de Schiller fueron sin duda los más importantes para la literatura alemana, *siendo* los más famosos *Guillermo Tell, Kabale und Liebe* y *Die Räuber.*

Friedrich Schiller, con sus versos perfectamente formados en poesía y teatro, es un autor que todos y cada uno de vosotros deberíais descubrir por vosotros mismos.

## RAINER MARIA RILKE

Cuando se oye el nombre de este poeta austriaco, lo primero que viene a la mente son sus poemas más conocidos *La pantera* y *Día de otoño*, pero el abanico literario de uno de los poetas más importantes de la modernidad incluye, además de sus poemas, relatos, cartas, textos sobre estética y una novela.

Rilke nació el 4 de diciembre de 1875 en Bohemia, que entonces formaba parte de Austria-Hungría.

Vivió una infancia infeliz en Praga, marcada por el fracaso profesional de su padre y el dolor de su madre por la temprana muerte de su hermana mayor. La madre no pudo superar la pérdida y empujó a Rilke a asumir el papel de su hermana.

Tras asistir a la escuela primaria, Rilke se trasladó a una escuela militar en Austria en 1886, que, sin embargo, era contraria a sus talentos y preferencias, por lo que la abandonó al cabo de seis años y asistió a una academia comercial. Tras ser expulsado de la escuela por un asunto amoroso, se preparó para el equivalente austriaco del Abitur, la Matura, hasta 1895. Tras aprobar el bachillerato, empezó a estudiar en su ciudad natal, antes de trasladarse un año más tarde a Múnich, a la renombrada Universidad Ludwig Maximilian. Un encuentro clave para Rilke en 1897 fue conocer a Lou Andreas-Salomé, catorce años mayor que él, de la que se enamoró y por cuyo consejo cambió su nombre de pila de René a Rainer. Mantuvo una relación con ella durante tres años, pero siguió siendo una compañera eminentemente importante hasta su muerte. Después de que Rilke siguiera a Andreas-Salomé a Berlín, emprendió varios viajes, primero solo a Italia y Worpswede, y después, en 1899 y 1900, a Rusia con la pareja Andreas-Salomé. En su primer viaje conoció a Lev Tolstói en Moscú, y en el segundo, por casualidad, al importante poeta Boris Pasternak.

Tras separarse de Lou Andreas-Salomé, se casó con Clara Westhoff en 1901, pero abandonó la vida familiar poco después del nacimiento de su hija y se trasladó a París. Su situación económica era permanentemente precaria, pero se vio acompañada de influencias y estímulos formativos que hicieron de París su segundo hogar.

Rilke encontró un nuevo editor en Anton Kippenberger, de Insel-Verlag, para quien se convirtió en el autor contemporáneo más importante. Tras terminar su única novela, *Las notas de Malte Laurids Brigge, en* 1910, entró en una crisis de escritura que, aunque comenzó sus revolucionarias *Elegías de Duino,* se agravó con el estallido de la Primera Guerra Mundial y la incorporación de Rilke al servicio militar en 1916.

En 1919, Rilke viajó de Munich a Suiza con el deseo de seguir trabajando en sus elegías. En Zúrich conoció a Nanny Wunderly-Volkart, que le apoyó de forma paternalista y a través de cuya prima se puso a disposición del poeta gratuitamente la residencia que Rilke encontró al cabo de dos años. Aquí terminó por fin en poco tiempo, en

1922, las *Elegías de Duino* y los *Sonetos a Orfeo, que* representan un punto culminante de su obra.

A partir de 1923, la salud de Rilke se deterioró notablemente, por lo que acudió varias veces a un sanatorio y también intentó contrarrestar su indisposición trasladándose a París durante un breve periodo. En el periodo que transcurrió hasta su muerte, a finales de 1926, escribió varios poemas y obras en francés que se mantuvieron en solitario. Rainer Maria Rilke fue enterrado cerca de su última residencia en Suiza el 2 de enero de 1927.

La obra de Rilke está fuertemente influida por las reflexiones filosóficas de Arthur Schopenhauer y Friedrich Nietzsche, que recibió a una edad temprana. Tras un viaje a Oriente, Rilke también se interesó cada vez más por el Islam, al tiempo que criticaba la falta de referencia del cristianismo a este mundo. Se le puede considerar un representante de lo trascendental en la medida en que rechaza una fe puramente positivista en la ciencia. Por otra parte, se inscribe en él un profundo escepticismo, como se desprende ya de la primera línea de la primera de las Elegías de Duino:

<blockquote>"¿Quién, pues, cuando clamé, me escuchó de entre las órdenes de los ángeles?".</blockquote>

En general, Rilke está considerado con razón uno de los poetas alemanes más importantes del siglo XX, cuyas *Cartas a un joven poeta* y Poemas han tenido una acogida mundial.

## DANIEL KEHLMANN

El último autor que merece la pena leer, Daniel Kehlmann, nació en Múnich el 13 de enero de 1975. Se presenta a partir de sus obras, que producen un viaje de desarrollo literario por sí mismas.

En 1997, Daniel Kehlmann entró en la escena literaria con su ópera prima *Beerholms Vorstellung*. El entonces joven de veintidós años fue muy elogiado por el feuilleton, pero la gente puso objeciones a una supuesta falta de soberanía y seguridad estilística. Kehlmann narraba la biografía ficticia del mago Arthur Beerholm, que reflexiona sobre su vida y recurre como figura narrativa a una misteriosa mujer que permanece extrañamente desdibujada. Una interesante introducción a la obra de Kehlmann.

Siguió a su primera novela en 1998 con la colección de relatos *Bajo el sol,* cuyos ocho relatos se centran en el anhelo del hombre por trascender la existencia. Los relatos más fuertes del volumen son *Pyr,* que trata de un electricista de televisión que provoca incendios, *Töten* y el cuento homónimo *Unter der Sonne,* pero las demás contribuciones al volumen también son prueba del alto nivel literario de Kehlmann.

Tras la novela de 1999 *El tiempo de Mahler,* Daniel Kehlmann publicó en 2001 con Suhrkamp la novela *Der fernste Ort (El lugar más lejano), en la* que el protagonista, Julian, intenta escapar de su vida anterior, representada en flashbacks. Temáticamente, existen vínculos con *Bajo el sol*; además, el autor continúa el realismo mágico cultivado desde su debut. En su momento, los críticos literarios no reconocieron la doble estructura ambivalente de la novela, como el propio Kehlmann señaló en obras posteriores de literatura popular. Su tercera novela, *Ich und Kaminski,* se publicó en 2003 y es una de las mejores novelas de la literatura alemana contemporánea, una grandiosa comedia cómica sobre el engreído historiador del arte Sebastian Zöllner, que quiere impulsar su carrera escribiendo una biografía de Manuel Kaminski, un famoso pintor. Sin embargo, en el transcurso de su relación con Kaminski, se revela su despiste, contradiciendo lo que dice de sí mismo. Una delicia literaria y de entretenimiento.

Sólo dos años después, Kehlmann sacó al mercado su novela de mayor éxito, la ficción histórica *La medida del mundo, sobre los* dos genios universales alemanes Alexander von Humboldt y Carl Friedrich Gauß. La peculiaridad estilística de este bestseller mundial es el diálogo mantenido en subjuntivo, que se interpreta en todo momento como discurso indirecto y confiere al libro su propia cualidad cómica.

En 2007 publicó *Ruhm - Ein Roman in neun Geschichten (Fama - Una novela en nueve relatos),* probablemente su mejor obra. El hábil juego posmoderno de Kehlmann con la realidad y la ficción, en el que todos los personajes conectan en cierto modo a través del concepto de fama, es un hito de la literatura alemana. Kehlmann consigue enlazar sutilmente los distintos episodios y reflejar así formalmente el mundo de Internet. En su misterio parcial, el libro recuerda a películas como *Pulp Fiction*, de Quentin Tarantino.

En *F* de 2013, el poeta vuelve a dedicarse al mundo del arte, pero éste es sólo una parte entre varias dentro de un entramado familiar. El destino, latín *fatum, desempeña* un papel tan importante como la indistinguibilidad parcial entre realidad y ficción. El libro fue preseleccionado para el Premio Alemán del Libro.

En 2017 se publicó la última novela de Kehlmann hasta la fecha, titulada *Tyll, que sitúa al* personaje de Till Eulenspiegel en la época de la Guerra de los Treinta Años. En un renovado juego con la verdad y la ficción, se introducen personajes históricamente auténticos, como el erudito eclesiástico Athanasius Kircher, que juzga al padre de Tyll como brujo por sus conocimientos de magia, o el poeta Paul Fleming, uno de los pioneros de la nueva lírica altoalemana. La posición de la Iglesia se ironiza, por ejemplo, cuando los líderes católicos del juicio a las brujas, Kircher y Tesimond, condenan la superstición como pecado y signo de brujería según la doctrina, pero ellos mismos hacen uso de ella. En una escena de la novela, incluso un cuadrado mágico citado ayuda a salir de un apuro.

Daniel Kehlmann es sin duda un importante escritor contemporáneo cuyas polifacéticas novelas combinan maravillosamente el placer de la lectura y la ambición literaria.

# De las raíces al futuro - Una perspectiva

"Nosotros mismos nos quedamos decepcionados y miramos agonizantes/ el telón cerrado y todas las preguntas abiertas".

Esta frase del epílogo de la obra de Bertolt Brecht *El buen hombre de Sezuan* puede aplicarse también a las perspectivas de futuro de la literatura alemana. Lo que ocurrirá en el futuro, no lo sabemos. ¿Continuarán las tendencias posmodernas y culminarán en una vanguardia que pierda de vista a su público lector? ¿Existirá un conservadurismo literario que se resista a los avances tecnológicos y posiblemente evoque con nostalgia el mundo ideal de ayer? ¿O surgirán literaturas totalmente nuevas, llevadas por generaciones que se han socializado con los medios sociales desde el principio? Sólo nos queda esperar y seguir leyendo, disfrutar de las nuevas delicias literarias que aparezcan y redescubrir las obras clásicas. En ningún caso este esfuerzo es en vano, ya que, parafraseando una acertada frase del cineasta soviético Andrei Tarkovsky Leer garantiza que no sólo miremos, sino que veamos.

www.ingramcontent.com/pod-product-compliance
Lightning Source LLC
Chambersburg PA
CBHW031409160726
47993CB00003B/1160